PROPAGANDE RÉPUBLICAINE

LA RÉPUBLIQUE DES PAYSANS

PAR

MAITRE PIERRE

PARIS

DÉCEMBRE-ALONNIER
ÉDITEUR
20, rue Suger, 20.

ANDRÉ SAGNIER
ÉDITEUR
7, carrefour de l'Odéon.

1872

PRIX : 20 CENTIMES

AVIS

La **Bibliothèque de propagande Républicaine** a surtout pour but de faire connaître à ses lecteurs les principales questions qui intéressent les Républicains : à ce titre, nous faisons appel au concours dévoué de tous les démocrates sérieux. Nous céderons les exemplaires de cet ouvrage aux prix suivants :

Par **100** ex. pris ensemble. **15** fr.
Par **500** ex. — **12** fr. le cent.
Par **1000** ex. — **10** fr. le cent.

On peut assortir les divers Ouvrages de la Bibliothèque

(V. à la quatrième page de la couverture les Ouvrages parus)

Montargis. Imp. Grimont.

PROPAGANDE RÉPUBLICAINE

LA RÉPUBLIQUE DES PAYSANS

PAR

MAITRE PIERRE

PARIS

DÉCEMBRE-ALONNIER
ÉDITEUR
20, rue Suger, 20.

ANDRÉ SAGNIER
ÉDITEUR
7, carrefour de l'Odéon.

1872

La République des Paysans

(Lettre à M. Thiers)

MONSIEUR LE PRÉSIDENT,

J'ai lu dans les journaux que vous faisiez tour à tour mander à Versailles, les préfets de nos départements, à l'effet de connaître l'état des esprits en province. C'est là, Monsieur le Président, une bonne pensée ; mais malheureusement vous aurez, je crains, bien du mal à vous faire renseigner exactement, non que vos préfets de la République, dont la moitié demande un empereur et l'autre un roi, vont chercher à vous induire en erreur; je les veux croire de très bonne foi, comme d'un dévouement à toute épreuve, mais ne sachant rien, ils ne vous pourront rien apprendre.

M. le Préfet reste dans sa préfecture et s'il connaît l'état des esprits, ce n'est que par les rapports de ses sous-préfets, qui eux-mêmes ne se frottent pas beaucoup à nous, paysans. Il est vrai qu'il y a les commissaires et les gendarmes, que nous voyons souvent, très-souvent, mais à ceux-là vous sentez bien qu'on ne va pas dire ce qu'on pense.

Le paysan est défiant non sans cause, et, en fait de politique, s'il pense peu, parle encore moins. Il s'abstient, se réserve, ne se veut commettre avec aucun parti, afin d'être libre, lui pas bête, de se mettre à l'aventure du côté du plus fort.

C'est là sa préoccupation.

*
* *

N'attendez de nous, ni efforts, ni dévouement, ni sacrifices, ni pensées généreuses, ni sentiments désintéressés. Nous avons un souci : la tranquilité; un but : gagner de l'argent et n'en point donner, du moins autant que possible. Après cela, décrétez des plébiscites, des élections partielles ou des comices généraux; faites-vous nommer roi, empereur, à votre loisir; si vous montrez les dents, si vous faites sentir quelque poigne, nous voterons d'ensemble pour tout ce que vous voudrez.

Mais on dit que vous êtes homme d'honnêteté; que vous n'entendez violenter en aucune façon les volontés du pays; qu'avec vous il n'y aura ni candidatures officielles, ni fusillades, ni déportations; qu'enfin, libres nous sommes de dire ce qui nous agrée, sans qu'il nous en coûte ni amende, ni prison.

Cela bouleverse toutes nos idées; toutes les notions gouvernementales reçues par nous jusqu'à ce jour; et nous paraît si insolite que nous sentons bien que çà ne durera pas.

Voilà pourquoi nous ne sommes pas avec vous.

Ceci va vous étonner. Vous vous rappelez encore les vingt-et-une élections qui vous ont fait ce que vous êtes. Ces temps-là ne sont plus. Alors nous avions besoin de vous. Au milieu du grand naufrage, un seul nom surnagea : le vôtre. Et tout à coup on se rappela que tandis que beaucoup d'entre nous criaient *à Berlin!* et vous vilipendaient parce que vous ne criiez point comme eux, le seul effort sérieux qui fut tenté pour empêcher cette suprême folie vint de vous. Vous seul, ou à peu près, avez eu le rare courage de dire la vérité à tout un peuple égaré. On se remit en l'esprit vos voyages auprès des cours étrangères, vos tentatives en faveur de la paix. Alors, on jugea, de par le fait accompli, qui avait raison et qui avait tort. Et vous fûtes nommé, non pour avoir eu raison, mais parce que nous avons pensé que l'ayant eu, vous pourriez l'avoir encore.

Aujourd'hui, ce n'est plus de même.

Nous assistons à une lutte dont l'issue ne nous paraît point douteuse. Vous voulez être le plus honnête et ne serez pas le plus fort. Passez votre chemin : on ne vous connaît plus.

*
* *

Laissez dire qui parle de l'ignorance, de l'aveuglement des campagnes. Nous sommes, s'il vous plaît, à peu près les seuls dans la nation qui ayons une politique, une ligne de conduite, une voie déterminée. La noblesse est finie. La bourgeoisie a eu son heure. Trop vaniteuse, trop poltronne et trop bornée, elle n'en sut pas profiter. Elle a fait deux révolutions pour saisir le pouvoir, et, l'ayant, se l'est laissée voler sans dire mot. Quand elle s'est vue en main quelqu'argent et quelque force, la tête lui a tourné. Le bourgeois s'est fait gentilhomme. Jeannot est de la Jeannotière, et Colin de la Colinière. Je vois cela dans nos petites villes. Il n'est petit-fils de marchand de drap ou de ferraille, qui ne s'entiche de noblesse et ne tienne à grand honneur de prendre place au banc des marguilliers de la paroisse. Aux élections ils se font les porte-voix des candidats légitimistes et parcourent nos campagnes, en prêchant la croisade dont nous n'avons nul souci. Rien à faire avec de pareilles gens : têtes de linottes et cœurs de lièvre. Louis-Philippe s'appuyait sur eux. Pas un n'a bougé pour le défendre.

L'avenir peut-être est aux ouvriers, s'ils ont conscience de ce qu'ils peuvent. Le présent est à nous. Nous formons les trois quarts de la nation, et vous ne fonderez rien, si vous ne parvenez à nous faire peur, que cela ne nous plaise et ne nous profite.

*
* *

Tenez-vous le pour dit.

Le paysan sait son histoire, non par détails, mais en bloc. Grand avantage, car la masse des événements, se dégageant des causes incidentes, il l'embrasse sans efforts, se règle sur les faits, et à l'aide du passé, pronostique l'avenir. Se trompe-t-il? je ne sais, mais ce qu'il a fait jusqu'à ce jour, il l'a voulu et bien voulu.

*
* *

Or, depuis que le monde est monde et que la France est France, vous tous qui l'avez gouvernée ne lui avez pas donné de grands sujets d'édification. Le temps, la civilisation, ont changé, adouci, réformé les mœurs. Le peuple est devenu plus éclairé sans cesser d'être patient. La politique et ceux qui s'en mêlent sont rest s les mêmes. Intrigues et mensonges, corruption et vénalité; ambitieux et criminels, valets et bourreaux.

Peuples, instruisez-vous! Allez là chercher les hauts enseignements de moralisation. Apprenez la loi du sacrifice et le détachement des biens de ce monde. Imbéciles, on ne meurt point pour une cause, on en profite, et voilà tout.

Nous nous instruisons; c'est notre droit.

*
* *

Savez-vous que nous avons marché depuis la Révolution, — j'entends la première et la meilleure. Nous en étions, de celle-là. Tout grands nous ouvrîmes les bras à la fraternité. On luttait à bras-le-corps pour la sainte cause du droit, de la justice et de la liberté, et il faut avouer que la trempe en nous était bonne puisque des siècles de servitude et d'abaissement n'avaient pu que comprimer le ressort, sans le broyer. Ce qu'il fallut faire alors, on le fit, sans reculer d'une semelle. On laissa tout pour courir à la frontière défendre nos conquêtes nouvelles. Nous forçâmes à reculer la coalition, et je peux dire avec orgueil que la Révolution nous doit son existence; car si nous ne nous étions levés, que serait-elle devenue?

Comment nous récompensa-t-on? En nous

mettant en suspicion constante ; quand le blé vint à manquer, c'est à nous qu'en fut la faute, et il n'est sorte de vexations qu'on n'inventât pour nous faire rendre gorge, disait-on. Recensement des grains, visite des greniers, vente forcée, prix fixé, et les dénonciations, et les emprisonnements, et la mort! C'était nous toucher à l'endroit le plus sensible. Vendre notre blé par force! En fixer le prix par décret! A partir de ce moment, ce fut fini. La Révolution avait rompu avec nous.

Nous fîmes bande à part, nous n'étions plus le peuple, mais les paysans, c'est-à-dire ceux qui affament le peuple; ceux qui ont du grain pour rien ; qui n'ont qu'à se baisser vers la terre pour en ramasser à pleins sacs, et qui ne le veulent point vendre à vil prix. Pauvres politiques, que ceux qui ont jeté cette pomme de discorde! Etant détachés des autres, nous en vînmes bien vite à ne compter que sur nous et pour nous. De là cet égoïsme que nous reconnaissons sans peine et qu'on n'a pas le droit de nous reprocher. Quel dommage qu'ainsi l'on nous ait écartés! Nous étions le nombre, nous étions la force, nous aurions défendu, sauvé peut-être la République, mais non : la Révolution menaçant, nous tendîmes les bras vers qui voudrait nous protéger contre elle. Bonaparte passa; il nous prit tout entiers.

Cet homme nous a fait bien du mal. Ce ne fut qu'un misérable parjure, grand général sans doute, mais aventurier de la pire espèce, et cependant nous marchâmes avec lui, car sa cause était la nôtre; car son trône, comme nos biens, datait de la veille, et nous sentions que si l'un croulait, les autres s'effondreraient avec lui Il nous épuisa sans nous lasser. Ce que nous faisions là, nous le faisions pour cause : les biens nationaux nous tenaient au cœur.

* * *

La tempête vint, qui l'emporta. Les Bourbons reparurent. Il y eut un grand mouvement d'effroi. Mais quand on sut que les biens nationaux ne seraient pas rendus, et leurs acquéreurs nullement inquiétés; que notre terre était bien à nous et que c'était fini pour toujours, à la terreur succéda la joie.

Les Bourbons furent bien accueillis, car ils étaient la paix. Mais ça ne put encore durer. Les vexations recommencèrent. Cette fois, ce ne fut plus pour les grains, mais pour autre chose. Tous ceux d'entre nous qui avaient servi, gardaient respect et fidélité aux trois couleurs. Ce devint crime d'Etat. Songez donc! nous ne faisions point comme nos chefs; comme ces généraux, fils de la Révolution, qui la reniaient pour de l'argent et des places. Les persécutions allèrent leur train, d'autant mieux que les curés s'en mêlèrent. Sans eux point de bon gouvernement. Croyant ressaisir leur ancienne influence, ils voulurent nous ramener aux croyances et aux pratiques des temps passés. Ne se sentant pas en force, ils appelèrent les gendarmes au service de la foi. Pauvres Bourbons! par fortune inouïe, remonter sur un trône qu'ils ne devaient jamais revoir, et réussir à faire regretter l'Empereur!

La grande duperie de 1830 nous laissa indifférents. Louis-Philippe ne s'occupa pas de nous, non plus que nous de lui. Il ne nous resta de ce règne qu'un grand écœurement produit par les scandales des élections censitaires. Aussi, quand les cris de vive la Réforme! annoncèrent 1848, oubliant nos vieilles rancunes, l'enthousiasme nous reprit encore une fois, et nous saluames l'avénement de la seconde République. La première nous avait fait hommes, la seconde devait nous faire citoyens. Nous étions avec celle-là comme avec l'autre. Mais il est dit qu'on ne pourra jamais s'entendre. Les socialistes arrivèrent. On parla de partage, de communauté. Ces messieurs voulaient rire : qui? nous, partager nos biens? Moi? abandonner mon coin de terre? C'est n'y point penser.

Vous le voyez, Monsieur le Président, les deux Révolutions tombaient dans la même faute. La première nous voulait prendre la récolte, la seconde prétendait au fonds même. Il était temps d'arrêter les frais. Le second Bonaparte fut le fruit et l'instrument de notre politique. Il nous a fait payer cher notre confiance, mais nous n'avions pas le choix.

***

Je n'ai rappelé sommairement tous ces événements que pour montrer qu'en agissant ainsi, c'est à nos intérêts que nous obéissons. Egoïsme, direz-vous! La patrie avant tout. Soit, qu'on nous donne l'exemple, car ce n'est pas précisément l'abnégation que nous enseignent tous ceux que nous avons sous les yeux.

*
* *

Saint Evangile que notre histoire! A chaque page, je n'y trouve rien moins que de belles et nobles choses.

La trahison, l'oubli de la foi jurée, l'avidité, la cupidité, et le sang du peuple pour arroser tout cela, voilà ce que nous y lisons. Ouvrez les recueils qu'on destine à l'éducation de nos jeunesses, ceux qui sont approuvés par le ministre de l'instruction publique et apostillés par les évêques, est-ce que les traîtres, les fripons et les criminels y sont appelés par leur nom? Est-ce qu'ils sont frappés de la réprobation qu'ils méritent? Point du tout. On présente tout ce qui se nomme coup d'Etat, raison d'Etat, comme choses ordinaires et naturelles, et il n'y a d'autre distinction entre les attentats que celle-ci : le succès. Hors çà, rien. Bonaparte, au 18 brumaire, dissout violemment l'Assemblée nationale et s'empare de la République qu'il avait juré de défendre et de protéger. Que voyons-nous alors? tous ceux que la Révolution avait formés, ses propres enfants, ceux qui n'étaient que par elle, des fils de paysan comme nous, sans elle bergers et laboureurs comme leurs pères, à peu d'exceptions près s'atteler au char de la fortune du nouvel Empereur. Nous les voyons se faire nobles : ducs de ceci, barons de cela. Si nous avions abattu l'ancienne noblesse, était-ce donc pour en reconstituer une nouvelle?

*
* *

Vient l'heure de la déroute. Alors, toute cette troupe dorée abandonne lâchement le maître qui l'a gorgée et se donne sans honte et sans délai au nouveau maître, au plus fort, jusqu'à ce qu'elle trahisse encore celui-ci pour retrahir encore l'autre.

Il y avait alors, un Corps législatif obéissant et soumis; un Sénat, gardien du pacte fondamental. Le Sénat réclama l'honneur de trahir le premier, ce que le Corps législatif ne lui pardonna jamais.

Ces souvenirs sont déjà lointains, et beaucoup d'entre nous n'en parlent que par ouï-dire. Mais il est un autre attentat que tous nous avons vu et jugé : le 2 décembre. Quand on prononce cette simple date, il est inutile de s'arrêter aux petites machinations bourbonniennes ou aux gasconnades de Louis-Philippe. Il y a là-dedans assez de honte pour effacer toutes les autres.

*
* *

Assassiner en plein jour, déchirer les lois, dissoudre violemment la représentation nationale, cela s'appelle sauver la Société, sortir de la légalité pour rentrer dans le droit. Tous les *honnêtes gens* ayant approuvé cette formule, il nous faut bien la tenir pour bonne et praticable. Son auteur avait agi en droit et justice, puisque, tout ce qui avait une fonction et un traitement se jeta à plat ventre devant lui. Je tiens de même tous ceux qui l'avaient combattu comme bandits et scélérats, puisque des magistrats du pays, ceux que la loi charge de rendre la justice, des inamovibles, des incorruptibles, les exilaient, les transportaient, les condamnaient à mort. Où est le bien et le mal, le droit et l'injustice? Etonnez-vous après ce qui s'est fait en décembre 51, en plein jour, devant Dieu qui nous juge et le soleil qui nous éclaire, si quand le peuple parvient à s'emparer du pouvoir, il y marque son passage par de sanglants attentats! Peu inventif de sa nature, il répète ce qu'il a vu faire, avec plus de franchise toutefois.

* * *

Frapper fort et réussir. Voilà la morale que nous a léguée décembre, mais ce n'est pas tout ce que nous en avons retenu. Le droit du citoyen, le vote, était nouveau; le coup d'Etat nous apprit qu'il était illusoire puisque deux régiments en pouvaient avoir raison, et en même temps qu'il nous enseignait à mépriser cet instrument dont il nous avait montré la faiblesse, il nous apprit le parti qu'on en pouvait tirer. « Ce vote, nous dit-il, est marchandise, et je suis marchand pour certains prix. » Pendant dix-huit ans, les candidatures officielles n'ont vécu que de cela. Nous vendîmes nos votes, pour une voie ferrée, un chemin vicinal, un clocher ou une maison d'école, voire même pour l'espoir de vendre le beurre deux sous plus cher; pour le prix qu'on voulait y mettre, après tout..... cela valait si peu de chose.

Sentez-vous maintenant, Monsieur le Président, d'où viennent l'égoïsme et la démoralisation? Est-ce de nous qu'elle procède ou des exemples qui nous sont soumis; des enseignements que nous recevons: enfants dans les écoles; hommes, dans la vie? Car il n'est même besoin de chercher dans nos livres ou de puiser dans nos souvenirs. Il nous suffit de jeter un coup d'œil autour de nous et de voir ce qui s'y passe.

En voulez-vous un exemple entre mille?

Mon voisin, assez bon homme au demeurant, quoique fort mal noté chez le procureur, au 2 décembre se leva pour défendre les lois menacées et la République égorgée. Il crut de bonne foi que là était le devoir du citoyen. Il prit son vieux fusil, partit, et pendant cinq ans on ne le revit plus. Il revint au bout de ce temps, son peu de bien avait disparu, absorbé par les frais de justice. Sa femme, jeune encore, partie on ne sait où avec on ne sait qui. Lui avait été emprisonné, déporté; il avait souffert mille morts, d'après ce qu'il conta, et revenant, se voyait destiné à souffrir encore et toujours. Non content qu'il fut malheureux, il resta proscrit. Signalé homme suspect et de fréquentation dangereuse, jamais aucun de nous n'eût été flatté d'être vu, lui parlant. Se commet-il un vol, un délit en la commune, c'est à lui que la gendarmerie s'adresse tout d'abord, le sachant capable de tout. Je sais bien qu'il avait tort, et qu'un simple paysan ne doit point se mêler de ces choses-là, mais croyez-vous qu'il expie durement, cet homme, un moment d'erreur et d'égarement.

Son exemple est toujours là, devant nos yeux. Nous savons ce qu'il en coûte de croire au droit, à la justice, aux serments. Au contraire, nous n'ignorons pas ce que se payent les défections, les lâchetés et les trahisons.

*
* *

Le procureur d'alors, celui qui arrêta l'homme, mon voisin, était grand patriote, ardent républicain, parlant volontiers de mettre Badinguet à Vincennes. Le jour du coup de balai, bravement il se mit du côté du manche, et fit arrêter tous les rebelles, les connaissant d'autant mieux qu'ils étaient ses amis. C'était là certes un beau trait qui fut récompensé comme il le méritait. Le procureur fut décoré, — j'entends chevalier de la Légion-d'Honneur, — et nommé conseiller à la Cour. Riche de son patrimoine, dévot, il vit très-considéré et espère un prochain avancement.

C'est un fort honnête homme, incapable de faire tort d'un écu, et beaucoup plus en vérité, que l'autre toujours suspect à la gendarmerie. D'aucunes gens, mauvais esprits, blâment sa conduite et l'appellent Judas. Tout bonnement il a fait ce que j'eusse fait en sa place, moi et bien d'autres. Voyant une belle occasion d'avoir de l'avancement, il la saisit au passage, en homme qui sait qu'elle n'est pas si commune que les alouettes en Gâtinais. Vous voulez une magistrature intègre, incorruptible, qui rende des arrêts et non des services, c'est sagement pensé, et voilà le fait d'une bonne magistrature. Mais il se trouve que le seul pouvoir dont elle dépende, est justement celui qui distribue les croix et dispose de l'avancement.

Que voulez-vous? L'homme n'est pas de pierre. Un bonnet fourré d'hermine ne dispense point d'ambition, non plus que deux aunes de drap noir, avec bavette et rabat, ne font un saint. Et c'est pour cela qu'on trouve des magistrats pour les commissions mixtes, des Delesveaux pour condamner les journalistes, et des Grandperret pour faire acquitter les princes.

*
* *

On dit que vous faites une loi sur la magistrature. Gardez-vous bien de rien changer à ce qui est; car, du jour où vous n'aurez plus rien à donner, vous n'aurez plus rien à demander. Il faut que le magistrat reste l'homme du gouvernement; sans quoi, tout est perdu et voici comme :

Une de nos grandes raisons à nous autres, paysans, de ne point nous entêter d'opposition est le besoin fréquent que nous avons des juges Ceci fut de tout temps et jamais ne changera. Jaloux de la terre, qu'il aime plus que M de Gavardie n'aime son roi, le paysan plaiderait jusqu'à la mort plutôt que d'en lâcher de gré la moindre parcelle. Son grand souci est d'être toujours dans la manche des gens de justice. Aussi sait-il bien, le malin, que les juges n'aiment point les perturbateurs, républicains, socialistes et communeux, gens de sac et de corde, qui ne sauraient jamais avoir raison. C'est ce qui arriva à l'homme dont je vous parlais tout à l'heure, mon voisin, s'il vous en souvient. Un jour, qu'il eut une contestation à propos des méfaits de quelques volailles, le président, l'interrogeant, lui dit : — Vous avez des antécédents politiques? Le malheureux en dut convenir. L'avocat de l'adverse partie, s'empara de cet aveu, parla dans sa plaidoirie très-peu des poules, mais beaucoup des antécédents politiques du délinquant, et gagna haut la main son procès, douteux sans la circonstance.

*
* *

Voilà qui donne à réfléchir! Voilà qui nous imprime une terreur respectueuse et salutaire. Aussi n'est-ce pas parmi nous qu'on retrouverait ce paysan du temps jadis, dont ont parlé les livres, si je ne ments. Comme on lui demandait si par hasard il n'aurait pas vu passer la justice, lui répondit : Les juges, bien; la justice, connais pas.

Ce rural était un homme fort mal éduqué; un de ces obstinés frondeurs qui refusent de confondre les prêtres avec la religion, les juges avec la justice et le général Trochu avec l'art militaire; un de ces dangereux mécréants que bien à tort on tolère sous les républiques, mais que les monarques emprisonnent et que les empereurs font fusiller plutôt deux fois qu'une pour le repos et satisfaction des honnêtes gens. Ah! qu'à temps il a bien fait de mourir, mon caustique paysan, ou sinon j'eusse prié l'ombre héroïque du général Ducrot de le dénoncer à la vindicte publique, car si c'est ainsi qu'il parlait des gens de justice, que n'eut-il pas dit de la commission des grâces.

*
* *

Et la religion, Monsieur le Président, nous n'y pensions pas! Nos prêtres ne nous enseignent-ils pas à nous incliner devant le fait accompli? Le lendemain du Coup d'état, ils chantaient à tue-tête : *fac imperatorem.* A qui chanterait le plus fort, pour mieux être entendu... Pie VII, qui avait maudit, excommunié Révolution et révolutionnaires, est venu tout exprès de Rome à Paris, pour sacrer Napoléon Ier qui ne sortait pas précisément de la côte de saint Louis, et Pie IX, pour ne pas rester en arrière, s'est fait parrain du futur Napoléon IV, fils de..... et de..... Voyez comme on s'humanise, tout de même! Ce grand, cet austère Pie IX, le modèle des vertus chrétiennes, celui que le Sacré-Collége destine à introduire dans le calendrier grégorien saint Pie, dont le besoin se fait sentir; ce Pie IX, dis-je, envoie à Isabelle, alors reine de toutes les Espagnes, la Rose-d'Or, symbole de chasteté, en sorte que, puisque Pie IX est infaillible, voilà la vertu d'Isabelle passée en article de foi. Nonobstant, la chaste reine vivait publiquement en concubinage, mais elle était reine, ce qui explique et justifie tout. Le pape l'appelait : Majesté! chez nous, on l'eût appelée ..... Je ne dis pas le mot qui n'est point honnête.

***

De tout temps, nos prêtres ont fait ainsi, et ce n'est pas faillir, à ce que je crois, de suivre leur exemple. En 89, il y a bien eu du tirage avec eux, quand il s'est agi de nous rendre la terre qu'ils détenaient sans profit pour personne. Un assez long temps, ils nous ont boudé, puis, quand ils ont vu que c'était bien fini et qu'il n'y avait plus rien à espérer, ils ne se sont pas fait prier pour émarger au budget de l'Etat. Ils sont devenus volontiers bons fonctionnaires, sachant flatter et obéir.

Ils ont chanté l'Empereur, et l'Empereur tombé, les Bourbons. L'Empereur revient, ils rechantent l'Empereur. Les Bourbons reviennent, ils rechantent les Bourbons. En 1830, c'est le tour de Louis-Philippe. En 1848, ils bénissaient nos arbres de liberté, et nous autres, paysans, disions en nous gaussant, que c'était pour cela qu'ils ne poussaient pas Enfin, pendant dix-huit ans, ils ont chanté l'Empereur; il auraient chanté Gambetta s'il en eut eu quelque souci, et ne vous chantent pas, vous M. Thiers, parce qu'ils sont persuadés que vous n'en avez pas pour longtemps.

*
* *

Vous voyez qu'en regardant au-dessus et autour de nous, nous ne rencontrons que des gens qui du jeu cherchent à tirer leur épingle. Je ne vous parle pas des prétendants; c'est leur fait naturel : qui veut la fin veut les moyens. L'égoïsme est partout, même dans votre Assemblée nationale, souveraine et constituante, à ce qu'elle assure. Vous l'avez dit vous-même : « Quand il faut de l'argent, chacun cherche dans les poches de son voisin. Les fers veulent imposer les soies, les soies veulent imposer les cotons, les cotons les sucres, etc., etc. » Chacun se renvoie la balle, et quand vous vous adressez au patriotisme, c'est l'intérêt qui vous répond.

*
* *

Vous le savez bien, ce n'est pas quand on a votre âge, votre expérience et votre intelligence, qu'il est permis de l'ignorer. Aussi, n'avez-vous jamais cru au succès de la souscription nationale. Vous vous êtes dit, je jure, le paysan ne donnera pas. En quoi vous avez eu raison, nous ne donnerons pas à plns riche que nous.

*
* *

Non, nous ne donnerons point d'argent, pour renter Mme Espinasse, Mme de Malakoff, Mme Troplong, Mme Waleska, etc., toutes femmes de gens qui de leur vivant touchaient les mille francs par centaines. Nous ne donnerons pas d'argent pour entretenir grassement le chapitre de Saint-Denis, lequel garde la sépulture impériale. C'est insensé! Et M. Jules Simon, qui depuis..... mais alors il disait qu'avec l'argent absorbé par toutes ces sinécures, il y aurait de quoi faire quelques douceurs à nos pauvres instituteurs, et je me souviens qu'en ce temps-là, je demandais aux dieux de faire M. Jules Simon ministre, par amitié grande pour mon vieux maître d'école, lequel va prendre sa retraite et touchera 41 fr. 50 de pension, moins dix centimes pour le timbre de sa quittance.

Et l'Assemblée nationale a voté les pensions des riches veuves et la dotation des chanoines! Or, si la majorité de Versailles, est, comme elle le prétend et comme il apparaît en effet, puisque c'est nous qui l'avons nommée, la représentation fidèle du pays, qu'en faut-il conclure, je vous le demande? Et nous irions faire du patriotisme et du désintéressement! si notre conscience dit oui, notre intérêt dit non. Nous ne sommes point d'humeur à faire les agneaux dans le pays des loups. Toute l'affaire pour nous est de discerner qui a la dent la plus longue et hurle le plus fort. Au cas présent, la question est grave, et comme nul n'est maître de l'avenir on risque fort de se tromper. Alors, on attend. De là, ces abstentions innombrables à chaque scrutin, que M. le ministre, dans ses circulaires, appelle indifférence, en quoi M. le ministre ne sait ce qu'il dit, révérence parler.

*
* *

Mais j'en reviens à mon point, à savoir ce que je voulais vous dire.

Soyez-en bien persuadé, nous ne sommes pas si éloignés qu'on croit de la forme républicaine. Nous avons remarqué une chose, c'est que toutes les révolutions populaires se font pour arriver à la République. Comme jusqu'à présent, on n'a pas réussi ; on recommence et recommencera toujours jusqu'à ce qu'elle soit définitivement conquise. Le meilleur moyen d'en finir avec la Révolution, est donc de proclamer la République, non provisoire, mais définitive, et de faire en sorte que les prétendants n'y puissent mordre. C'est clair comme le jour, mais encore faut-il qu'on y travaille. On dit que c'est votre avis ; que vous avez senti que là était l'avenir, là était le salut, et que vous avez résolu d'être à la France ce que Washington fut à son pays.

*
* *

C'est un beau rôle ; mais pourquoi donc êtes-vous seul ou à peu près, à le vouloir jouer. Il vous faudrait des collaborateurs dévoués, pour éclairer les esprits, ramener les préventions et déjouer les complots. Malheureusement, tous ceux à qui sous le nom de fonctionnaires vous avez délégué une partie du pouvoir, s'en servent pour vous battre en brèche et sont avec tout autre qu'avec vous. A force de vouloir faire la République sans les républicains, vous l'avez faite contre les républicains ; l'application obstinée d'une formule est toujours mauvaise, demandez à M. Jules Favre. Je ne sais de quelles illusions on vous berce, à quelles intentions, à quels dévouements on vous fait croire, mais on vous trompe, je vous jure. Comment voulez-vous que nous ayions foi en la République, quand dans la République même, le seul vivat pour elle semble être proscrit? Les gendarmes regardent de travers qui se hasarde à le pousser. Pas un fonctionnaire n'oserait se dire Républicain. Un titre à la faveur est de vous dauber à l'occasion. Les républicains seuls sont mal vus. On les fuit comme peste, non que nous les ayons en mésestime, mais parce que les croyant destinés à s'embarquer pour Cayenne, nous ne nous soucions pas d'y aller avec eux.

*
* *

Quant à nous, quel avantage avons-nous à

tenir pour votre République. Elle ne nous impose point, puisque ceux-là même qui parlent en son nom ne se croient pas obligés de la respecter. D'ailleurs, nous savons par expérience que nous n'avons rien à en redouter.

Les Républiques ne sont pas sanguinaires et ne proscrivent pas, tandis que les autres partis!.....

*
* *

Sommes-nous royalistes? Si nécessité le veut, nous le deviendrons peut-être, mais pour le moment non.

La légitimité n'a pas de chances; pour nous, elle est synonyme de nobles, de prêtres, souverains maîtres et seigneurs, choses excellentes à ce qu'ils assurent, mais dont nous ne voulons point. Nous savons qu'à peine installée elle partirait en guerre pour le Pape, et comme la guerre se fait avec notre argent et nos bras, nous savons, dieu merci, qu'en penser. Rassurez-vous sur le compte du roi de droit divin, ses partisans font beaucoup de bruit, de besogne point. C'est le régiment des colonels; nombre d'officiers, pas de soldats. Un moment nous avons cru à l'avènement des d'Orléans. On parlait chez nous de leur honnêteté, de leur courage, de leur désintéressement. L'évènement est venu détruire ces belles chimères, et les d'Orléans sont finis ; on ne leur fait même plus l'honneur de s'occuper d'eux. Il reste donc en présence, il faut bien l'avouer, puisque c'est la triste vérité, deux partis : la République et l'Empire.

Ah ! je ne sais dans les villes, ni ce qui se dit, ni ce qui se passe, mais je vous assure que chez nous c'est cela. Et puisque je me suis compromis jusqu'à vous écrire, j'irai jusqu'au bout, et vous dirai tout haut ce qu'on en dit tout bas.

*
* *

L'Empire ! oh ! nous n'y tenons pas, mais nous en avons peur ; mais nous savons que s'il triomphe il arrivera malheur à qui se sera déclaré ouvertement contre lui, et voilà pourquoi nous n'osons lui rompre en visière. Voilà pourquoi tout paysan à qui vous demanderez ce qu'il pense de l'Empereur, vous répondra hypocritement : on était bien heureux sous son règne.

Ne prenez pas cela comme argent comptant. Nous savons ce que l'Empire nous a coûté et ce qu'il vaut. Le 2 décembre a proscrit et fusillé bon nombre d'entre nous. Ses expéditions lointaines nous ont pris nos enfants, comme ses travaux de luxe, inutiles et ruineux, nous ont pris nos ouvriers. L'affaire du Mexique nous a trompés indignement. On nous a volé notre argent dans nos poches, grief grave et qui ne s'oublie point. Enfin, ceux de chez nous qui sont revenus mutilés des grandes batailles de l'année dernière, ceux-là nous ont bien dit sur qui devait retomber toute la honte de Sedan. Vous n'avez rien à nous apprendre là-dessus.

Cependant, nous voyons les bonapartistes parler haut, lever la tête et frapper du talon. Ils se lavent publiquement et effrontément les mains de nos désastres et beaucoup d'entre nous inclinent à les croire, car qui peut dire que tel est coupable, qu'aucune loi ne peut atteindre, aucune peine flétrir !

On a impitoyablement frappé les hommes de la Commune, qui, par violence, s'étaient emparés du pouvoir. Je ne vous en blâme point, car il estbon qu'une répression sévère vienne prouver que sous aucun prétexte, il n'est permis de s'insurger contre la volonté nationale. La devise de 89, hélas ! si souvent méconnue et violée, était : *La nation, le roi, la loi*. Aujourd'hui, la marche des esprits, le progrès des idées, nous ont démontré que de ces trois rouages, l'un, *le roi*, était inutile, onéreux et dangereux ; qu'un souverain, qu'il s'appelle empereur ou roi, n'a d'autre raison d'être que de coûter des millions et des millions aux contribuables, d'autre préoccupation que d'usuper un à un, par violence ou par ruse, les droits du peuple et d'abuser des pouvoirs qu'il lui a confiés. A cette heure, la vieille formule est réduite, et nous n'avons plus que *la nation* et *la loi* qui émane d'elle. Un vrai républicain doit donc s'incliner devant la loi, bonne ou mauvaise, comme devant l'expression de la volonté nationale. Mais si vous voulez que tous s'y soumettent, il vous faut y soumettre tous ; il faut qu'aucune tête ne soit assez haute qu'elle ne puisse l'atteindre. Malheureusement il n'en est point ainsi. Je ne sais si c'est votre faute, et si cette attitude ne vous est pas imposée par les passions réactionnaires qui vous entourent et cherchent à vous dominer, mais c'est le cas de dire avec le poëte :

Et la loi dure aux pauvres, aux riches s'attendrit.

Bonaparte, violateur de la loi, atteint et convaincu de rébellion à main armée contre l'Assemblée nationale est impuni. Responsable devant le peuple Français, de par la constitution que lui-même avait fabriquée, n'a point trouvé de juges pour punir ses fautes et ses crimes.

De Bazaine, je n'en veux rien dire, puisqu'il est aujourd'hui sous la main de la justice, mais que d'efforts n'a-t-il pas fallu pour en arriver là ? Sans la pression ardente, ininterrompue de l'opinion publique, celui que l'armée, que la France entière dénoncent et accusent, vivrait tranquille en ses domaines, et peut-être commanderait un corps d'armée.

Chez nous autres, paysans, fort entêtés d'égalité, cela produit mauvais effet je vous jure, et rappelle les beaux jours de la justice impériale, qui arriva à convaincre Victor Noir de s'être tué exprès pour faire niche à Pierre Bonaparte.

Voilà d'où vient ce grand trouble moral, qu'on redoute si fort sans avoir le courage d'en supprimer les causes. Les esprits hésitent, doutent, et les consciences incertaines flottent sans guide et sans boussole, entre l'erreur qui triomphe et la vérité qu'on méconnaît.

***

Mettez un terme à tout cela.

Ayez le courage d'en finir avec la mollesse

et l'indécision. Faites preuve d'énergie, affirmez un pouvoir qui vous a été légalement délégué par la nation, mettez une sourdine aux clameurs des prétendants et qu'on sache bien qu'il n'est pas permis d'escompter la succession de la République. Il faut que nous soyons sûr qu'en vous suivant dans votre voie, vous ne nous laisserez pas à mi-chemin. A ce compte, nous sommes à vous tout entiers. Mais, pour l'amour de Dieu, faites-nous de la vraie République. D'aucuns vous disent : Changez les hommes ; je vous dirai, moi, changez les institutions. Croyez m'en, la vieille centralisation a fait son temps. Je n'ignore pas quelles sont là-dessus vos préventions, mais votre grand esprit s'est bien dégagé du préjugé de la monarchie, pourquoi ne s'affranchirait-il pas de celui-là ?

J'aurais bien encore d'autres choses à vous marquer, mais je crains d'en avoir déjà trop dit.

Surtout, monsieur le Président, ne parlez pas de ma lettre au Député de chez nous, qui m'en voudrait mal de mort, et me ferait, de sûr, un mauvais parti.

Montargis. — Imp. Grimont.

ON TROUVE AUX MÊMES LIBRAIRIES :

Catéchisme du Bon Républicain, par E. BOURSIN. brochure in-18. 20 c.

Nouveaux impôts. — *Lois et décrets sur les nouveaux impôts,* accompagnés de *notes explicatives* qui en précisent le sens et en facilitent l'application, par OSCAR DEJEAN, ancien magistrat, 3e édition, un vol. in-12. 1 fr.

Napoléon IV, chronique de l'avenir, pastiche de littérature bonapartiste. par MATHIEU (de Boulogne); 2e édition, 1 vol. in-12. 1 fr.

Les conditions de la certitude morale et politique, par Louis OLLIVIER, bâtonnier des avocats de Guingamp; 2e édition, 1 vol. in-12. 1 fr.

Les deux Messies, *ou le frère aîné du Christ. — La Société antique et la Société moderne,* par le comte GASTON DE SAHUZAC; broch. in-8o. 1 fr.

Six exécutions prussiennes racontées par un maire de campagne du département de l'Aisne, broch. in-12. 50 c.

Etude sur l'armée nouvelle, par un OFFICIER D'INFANTERIE; 1 vol. in-8o. 1 fr.

Œuvres de J.-P. Marat (l'ami du peuple), recueillies et annotées, par A. VERMOREL, membre de la commune de Paris en 1871, un beau vol. in-18 jésus. 3 fr. 50.

Histoire de la Misère ou **le Prolétariat à travers les âges,** par Jules LERMINA. 3 fr. 50.

Le Confessionnal, par Emile FAURE et Thomas PUECH. 2e édition. 3 fr. 50.

Les Ruines ou **Méditations sur les Révolutions des Empires,** suivies de la **Loi Naturelle,** par VOLNEY, précédées d'une Notice sur la vie et les Œuvres de Volney, par Jules CLARETIE. 3 fr. 50.

Les hommes de 1851, histoire de la Présidence et du rétablissement de l'Empire, par A. VERMOREL, membre de la commune de Paris en 1871, 3e édit. 1 vol. in-18. 3 fr. 50.

Le Coup d'État du 2 décembre 1851; Historique des événements qui ont précédé le coup d'État. — Physionomie de Paris. — Arrestations et barricades. — Faits qui ont suivi la chute de la République. — Pièces et documents officiels. — Par l'auteur du *Dictionnaire de la Révolution française.* 7e édition. 1 vol. in-18 jésus de 224 pages. 1 fr. 50

Propagande Républicaine

EN VENTE :

LES D'ORLÉANS, par E. DE POMPERY. 1 v. 20 c.

LES SCANDALES DU BONAPARTISME. 1 volume. . . . . 20 c.

LE VEUILLOTISME et LA RELIGION. par E. DE POMPERY. 1 vol. . . . . . 20 c.

CAHIER D'UN PAYSAN. — Etude sur la constitution politique de la France, par A. DESMAZURES. 1 vol. . . . . 20 c.

CATÉCHISME DU BON RÉPUBLICAIN, par E. BOURSIN. 1 vol. . . . . 20 c

LETTRE A MON DÉPUTÉ, par E. BOURSIN. 1 volume. . . . . 20 c.

UN GOUVERNEMENT RÉPUBLICAIN, S. V. P. 1 vol. . . . . 20 c.

JEAN CABOCHE A SES AMIS LES PAYSANS, par L.-M. GAGNEUR. 1 vol. . . . . . 20 c.

L'EUROPE DÉLIVRÉE. 1 vol. . . . . 20 c.

LA FRANCE ET SES MÉDECINS. 1 vol. 20 c.

LA VRAIE ET LA FAUSSE POLITIQUE, par E. DE POMPERY. 1 vol. . . . . 20 c.

LA RÉPUBLIQUE DES PAYSANS, par Maître PIERRE. 1 vol. . . . . 20 c.

www.ingramcontent.com/pod-product-compliance
Ingram Content Group UK Ltd.
Pitfield, Milton Keynes, MK11 3LW, UK
UKHW022153190726
13855UKWH00004B/1449